D1737533

en español

HISTORIA GRÁFICA

LA HISTORIA DE Jamestown

por Eric Braun

ilustrado por Steve Erwin,
Keith Williams y Charles Barnett III

Consultor:

Crandall A. Shifflett

Profesor de Historia en Virginia Tech

Blacksburg, Virginia

Capstone press

Mankato, Minnesota

Graphic Library is published by Capstone Press,
151 Good Counsel Drive, P.O. Box 669, Mankato, Minnesota 56002.
www.capstonepress.com

1 2 3 4 5 6 11 10 09 08 07 06

Library of Congress Cataloging-in-Publication Data
Braun, Eric, 1971–
    [Story of Jamestown. Spanish]
    La historia de Jamestown/por Eric Braun; ilustrado por Steve Erwin, Keith Williams y
Charles Barnett III.
    p. cm.—(Graphic library. Historia gráfica)
    Includes bibliographical references and index.
    ISBN–13: 978–0–7368–6617–0 (hardcover : alk. paper)
    ISBN–10: 0–7368–6617–5 (hardcover : alk. paper)
    ISBN–13: 978–0–7368–9685–6 (softcover pbk. : alk. paper)
    ISBN–10: 0–7368–9685–6 (softcover pbk. : alk. paper)
    1. Jamestown (Va.)—History—Juvenile literature. I. Erwin, Steve. II. Williams, Keith, 1958
Feb. 24– III. Barnett, Charles, III. IV. Title. V. Series.
F234.J3B6918 2007
973.2'1—dc22   2006043912

Summary: In graphic novel format, tells the story of Jamestown, the first permanent English
settlement in North America, in Spanish.

    Art and Editorial Direction   *Editor*
    Jason Knudson and Blake A. Hoena   Donald Lemke

             Designers   *Translation*
    Bob Lentz and Juliette Peters   Mayte Millares and Lexiteria.com

             Colorist
       Ben Hunzeker

Nota del Editor: Los diálogos con fondo amarillo indican citas textuales de fuentes
fundamentales. Las citas textuales de dichas fuentes han sido traducidas a partir del inglés.

Direct quotations appear on the following pages:
Pages 17, 25 (all), from *Love and Hate in Jamestown: John Smith, Pocahontas,
and the Heart of a New Nation* by David A. Price (New York: Knopf, 2003).

TABLA DE CONTENIDOS

CAPÍTULO 1

En honor a nuestro rey 4

CAPÍTULO 2

John Smith y los indios 12

CAPÍTULO 3

La lucha por la supervivencia . . . 18

CAPÍTULO 4

El fin de Jamestown 24

Más sobre Jamestown 28

Glosario 30

Sitios de Internet 30

Leer más 31

Bibliografía 31

Índice 32

EN HONOR A NUESTRO REY

Durante los años 1500, España y Portugal obtuvieron grandes riquezas de sus colonias en Sudamérica. Esperando tener el mismo éxito, Inglaterra envió exploradores a Norteamérica. En 1606, el Rey James I le dio a un grupo llamado la Compañía de Londres, permiso de establecer una nueva colonia.

En diciembre, 108 hombres salieron a bordo de tres barcos, el Susan Constant, el Godspeed y el Discovery.

Los exploradores soñaban con encontrar oro y una ruta hacia el Océano Pacífico.

En el barco, Newport y los otros capitanes abrieron una caja sellada de la Compañía de Londres. Contenía los nombres de los miembros del consejo de la colonia.

Yo, Gosnold, Ratcliffe, Wingfield y ¡¿quién?!

¡John Smith!

¡¿Ese plebeyo?!

Smith no era rico como los otros miembros elegidos para el consejo. Al principio, muchos de ellos no escuchaban las ideas de Smith.

Los nativos han peleado con los españoles, Wingfield. No confían en los europeos.

Debemos construir un fuerte para protegernos.

Smith, ¡no habrá ningún fuerte!

La Compañía de Londres quiere que demostremos a los nativos que venimos en son de paz.

La Compañía de Londres también quería que los hombres encontraran un lugar para establecerse. Durante las siguientes dos semanas, Newport y un pequeño grupo exploraron el área.

En diciembre, Smith viajó hacia el norte para buscar una travesía hacia el Pacífico. Los indios norteamericanos del área no confiaban en los ingleses.

No me maten. ¡Soy el líder de mi gente!

No le haré daño a un líder. Mi hermano, el Jefe Powhatan, decidirá tu destino.

Smith se enteró de que Powhatan dirigía a un grupo de aproximadamente 30 tribus en el área. Este grupo era llamado la Confederación Powhatan.

Yo gobierno esta tierra. La gente blanca no se puede quedar aquí.

Sólo estamos aquí para intercambiar y explorar.

Luego nos iremos.

CAPÍTULO 4

EL FIN DE JAMESTOWN

Un año después de haber sido capturada, Pocahontas seguía viviendo en Jamestown. Mientras estaba allí, aprendió inglés y religión.

Conforme las ganancias del tabaco de Rolfe crecieron, así también su amor por la hija de Powhatan. En abril de 1614, Rolfe se casó con Pocahontas. Su matrimonio creó paz entre los indios Powhatan y los colonos.

John, he notado que más ingleses han estado llegando a Jamestown.

Sí, querida. Vienen a sembrar tabaco. Se ha vuelto bastante popular en Inglaterra.

Con el éxito del tabaco de Rolfe, pequeños pueblos empezaron a crecer alrededor de Jamestown. Al poco tiempo, Jamestown se convirtió en la capital de la colonia de Virginia.

En 1619, los colonizadores crearon una asamblea general, conocida como la Cámara de los Burgueses. Este gobierno hizo las leyes para la colonia.

Se promulga que no se lesionará, ni habrá opresión por parte de los ingleses, a los indios.

La paz con los indios sólo funcionará si ambos lados están de acuerdo.

Un año antes, el Jefe Powhatan había muerto. Su hermano, Opechancanough, se convirtió en el nuevo jefe Powhatan. Opechancanough hizo una promesa a los ingleses.

No romperemos la paz entre nosotros.

Primero se caerá el cielo.

25

Los colonos y los indios norteamericanos lucharon durante muchos años.

En 1698, un fuego destruyó la mayor parte de Jamestown. Pero para entonces, los ingleses tenían granjas y pueblos por todo Virginia.

Jamestown fue el primer asentamiento inglés exitoso.

Sí, pero es hora de abandonarlo.

La colonización de Norteamérica había comenzado.

Jamestown

* Jamestown es conocido como el primer asentamiento inglés permanente en Norteamérica. Pero más de 30 años antes, unos ingleses se establecieron en la isla Roanoke, cerca de la costa de Carolina del Norte. Hoy, Roanoke es conocida como la Colonia Perdida. Nadie sabe qué pasó con estos colonizadores.

* En 1616, John Rolfe, Pocahontas y su bebé viajaron a Londres. Menos de un año después, Pocahontas murió a la edad de 22 años. Algunos historiadores creen que murió de neumonía o tuberculosis a causa del aire viciado y contaminado de la ciudad.

* Después de regresar a Inglaterra, el Capitán John Smith se recuperó de su lesión. Smith nunca regresó a Jamestown. Pero en abril de 1614, viajó a las áreas de Maine y la Bahía de Massachusetts. Smith nombró Nueva Inglaterra a esta región.

* En 1624, Smith escribió un libro sobre sus experiencias en Jamestown. En el libro, Smith asegura que Pocahontas lo salvó de haber sido asesinado por el Jefe Powhatan. La mayoría de los historiadores creen que Powhatan nunca quiso matar a Smith. Por el contrario, ellos creen que Pocahontas estaba llevando a cabo una ceremonia india, o que Smith inventó la historia.

✳ En agosto de 1619, los primeros africanos llegaron a Norteamérica a bordo de un barco holandés. Los aproximadamente 20 hombres fueron vendidos en Jamestown a cambio de comida y provisiones. Finalmente, miles de africanos serían enviados a América como esclavos.

✳ En 1676, un joven plantador llamado Nathaniel Bacon encabezó una revuelta en contra del gobernador de Jamestown, William Berkeley. Bacon creía que Berkeley podría haber detenido los ataques indios en los poblados al oeste de Jamestown. Durante lo que se conoce como la Rebelión de Bacon, la mayor parte de Jamestown fue quemada hasta sus cimientos.

✳ En 1994, arqueólogos de la Asociación de Conservación de Antigüedades de Virginia (APVA, por sus siglas en inglés) empezaron a excavar en el área de Jamestown. Encontraron dos de las tres paredes del fuerte. Asimismo, encontraron miles de artefactos de la época de los primeros colonizadores. Hoy en día, el área de Jamestown es un sitio histórico nacional.

GLOSARIO

el arqueólogo—un científico que estudia objetos de hace mucho tiempo

el artefacto—un objeto realizado por seres humanos, especialmente una herramienta o arma utilizada en el pasado

la confederación—la unión de varios grupos; los grupos Powhatan unidos bajo un gobierno se llamaban la Confederación Powhatan.

el estatuto—un documento formal que establece las obligaciones y derechos de un grupo de personas

el territorio—un área grande de tierra

SITIOS DE INTERNET

FactHound proporciona una manera divertida y segura de encontrar sitios de Internet relacionados con este libro. Nuestro personal ha investigado todos los sitios de FactHound. Es posible que los sitios no estén en español.

Se hace así:

1. Visita *www.facthound.com*

2. Elige tu grado escolar.

3. Introduce este código especial **0736866175** para ver sitios apropiados según tu edad, o usa una palabra relacionada con este libro para hacer una búsqueda general.

4. Haz clic en el botón **Fetch It**.

¡FactHound buscará los mejores sitios para ti!

LEER MÁS

Doak, Robin S. *Smith: John Smith and the Settlement of Jamestown.* Exploring the World. Minneapolis: Compass Point Books, 2003.

Riehecky, Janet. *The Settling of Jamestown.* Landmark Events in American History. Milwaukee: World Almanac Library, 2002.

Sonneborn, Liz. *Pocahontas, 1595–1617.* American Indian Biographies. Mankato, Minn.: Blue Earth Books, 2003.

BIBLIOGRAFÍA

Barbour, Philip L. *Pocahontas and Her World.* Boston: Houghton Mifflin, 1970.

Bridenbaugh, Carl. *Jamestown: 1544–1699.* New York: Oxford University Press, 1980.

Price, David A. *Love and Hate in Jamestown: John Smith, Pocahontas, and the Heart of a New Nation.* New York: Knopf, 2003.

Rountree, Helen C. *Pocahontas, Powhatan, Opechancanough: Three Indian Lives Changed by Jamestown.* Charlottesville: University of Virginia Press, 2005.

ÍNDICE

artefactos, 29

Bacon, Nathaniel, 29
Bahía Chesapeake, 5
Berkeley, William, 29

Cabo Henry, 5
Cámara de los Burgueses, 25
Colonia Perdida. Ver Roanoke
colonia de Virginia, 24
comida, 8, 9, 11, 13, 17, 20, 22
Compañía de Londres, 4, 7, 22, 23

enfermedades, 12
esclavos, 29

Fuerte James, 11, 20, 22, 29

Gates, Sir Thomas, 21–22

incendios, 19, 27, 29
Indios Chesapeake, 6
Indios norteamericanos
  batallas con los colonizadores, 6, 9, 10, 20, 23, 26–27
  intercambio con los colonizadores, 13, 16, 23
Indios Paspahegh, 8–9, 10
Indios Powhatan, 14–15, 16, 20, 23, 24, 25, 26

James I, Rey (de Inglaterra), 4, 8

Newport, Christopher, 5–7, 9, 10, 11, 12, 16, 17

Opechancanough, 25

Percy, George, 20
Pocahontas, 15, 17, 23, 24, 28
Powhatan, jefe, 14–15, 20, 23, 25, 28

Ratcliffe, John, 7, 12, 18, 20
Rebelión de Bacon, 29
Río James, 8, 9, 13, 22
Roanoke, 28
Rolfe, John, 23, 24, 28

Smith, John, 7, 9, 10–11, 12–17, 18–19, 20, 28
  lesión de, 19, 28
  como presidente, 17, 18–19

tabaco, 22, 23, 24

West, Thomas, 22, 23
Wingfield, Edward-Maria, 7–9, 10, 13, 17